Heike Führ wurde 1962 in Mainz geboren, ist verheiratet und hat 2 erwachsene Kinder - seit 3 Jahren lebt Seelenhund Smiley bei ihr und ihrem Mann.

Sie ist seit 1994 an Multiple Sklerose erkrankt und führt zur Information darüber eine Webseite, sowie eine gleichnamige sehr lebendig laufende Facebook-Seite. Sie ist mittlerweile eine routinierte Bloggerin und arbeitet für mehrere Projekte.

Sie hat bereits 13 MS-Begleitbücher, 2 Kinderbücher, ein „Glücks-, ein Hoffnungs-Buch" und ein „Freundschafts-Buch" geschrieben.

Heike Führ ist ausgebildete Erzieherin mit vielen pädagogischen und psychologischen Fort- und Weiterbildungen. Sie belegte auch mehrere Kurse für „Yoga mit Kindern". Diese intensive Zeit und ihr pädagogisches Wissen prägen auch ihr Schreiben.

http://multiple-arts.com/
http://heikef.jimdo.com

AF158873

Die zweite Leidenschaft der Autorin gilt neben dem Schreiben dem Malen und Zeichnen. Auf Facebook ist sie hier zu finden:

„Impressionen - Malen, Zeichnen & Mehr"

https://www.facebook.com/IMPRESSIONEN.Kunst/?fref=ts

Heike Führ

LOW CARB

Kuchen, Gebäck, Pralinen & Torten

> **LOW CARB**

Kuchen, Gebäck, Pralinen & Torten<

© 2017 Heike Führ

Originalausgabe April 2017

© 2017 Herstellung und Verlag:

BoD – Books on Demand, Norderstedt

ISBN: 9783743190573

© 2017 Satz, Layout: Heike Führ

Alle Rechte vorbehalten.

All Rights reserved - Das Werk darf - auch teilweise - nur mit Genehmigung des Verlags und Autors wiedergegeben werden.

ISBN: 9783743190573

Bibliografische Information der Deutschen Nationalbibliothek: Die Deutsche Nationalbibliothek verzeichnet diese Publikation in der Deutschen Nationalbibliografie; detaillierte bibliografische Daten sind im Internet über http://dnb.de abrufbar. Printed in Germany

INHALTSVERZEICHNIS

S. 7 Vorwort
S. 10 Was ist Low Carb?
S. 13 Süßes & Kleines
S. 13 Kaffee
S. 14 Schoko-Brotaufstrich
S. 15 LC-Marmelade
S. 16 Weißer-Schoki-Aufstrich
S. 17 Kuchen&Torten
S. 18 „Sahne-Welle"
S. 21 Kokos-Schoko-Kuchen
S. 23 LENI-Torte
S. 24 Schoko-Kuchen a la „Sacher"
S. 26 Einfacher Mandel-Kuchen mit Sahne-Topping
S. 27 Schoko-Kirsch-Kuchen
S. 28 Mohn-Käse-Kuchen
S. 30 Apfelkuchen
S. 31 Pavlova
S. 33 BAISER-Varianten
S. 35 Cupcakes a la Tiramisu
S. 37 Blätterteig-Grundrezept
S. 38 Schokoladen-Kaffee-Muffins
S. 39 Schoko-Tassenkuchen 1 / Mikrowelle
S. 41 Schoko- Tassenkuchen 2 / Mikrowelle
S. 42 SCHOKO-Käsekuchen mit Himbeeren
S. 43 Johannisbeer-Quark-Kuchen
S. 45 Süße Pfannkuchen
S. 46 Schoko-Pancakes

S. 48 Desserts / Süßes
S. 48 Kokosbällchen
S. 49 Schokoladen-Mandel-Pralinen
S. 50 "Marzipan"-Kugeln
S. 51 Kokos-Schoko-Bällchen
S. 52 Schoko-Erdnuss-Pralinen
S. 54 Schoko-Mousse
S. 55 Chia-Pudding hell
S. 56 Chia-Schoko-Pudding
S. 57 Himbeer-Crumble
S. 58 Einfacher Pudding
S. 59 „Grießbrei" aus Blumenkohl
S. 61 Käsekuchen-Creme
S. 62 „Bayrische Creme"
S. 64 Apfel-Quark-Zimt Dessert
S. 65 Einfache Tiramisu-Creme
S. 66 Zitronen-Soufflé
S. 67 Panna Cotta
S. 68 Schoko-Creme
S. 69 Mokka-Sahne-Mousse
S. 70 Sahne-Frischkäse-Schoko-Protein-Creme
S. 72 Schoko-Splitter
S. 73 Gefüllte Feigen mit Mandel-Joghurt
S. 74 EIS
S. 74 Himbeer-Eis
S. 75 Schokoladen-Eis
S. 76 Buttermilch-Eis
S. 77 Zitronen-Eis
S. 78 Coconut-Eis

Vorwort

Liebe Leser,

Low Carb (LC) ist eine gute Alternative und eine wundervolle Ernährungsform – sie hält gesund und macht fit.

Ich selbst habe mit der Ernährungsumstellung zu LOW CARB (LC) vor circa 2 Jahren begonnen. Meine größte Motivation war Gewicht zu verlieren. LC wird ebenfalls auch für chronisch Kranke empfohlen und da ich selbst seit 1994 Multiple Sklerose (MS) habe, wurde mir mehrfach von Ernährungsberatern die entzündungshemmende Ernährungsform LC empfohlen.

Ich möchte vorausschicken, dass ich mich nie mit großartigen ernährungstechnischen „Werten" beschäftigte – das heißt, ich habe nicht verinnerlicht, wie viel Eiweiß ich essen sollte oder nicht und so weiter. Ich wollte locker an die Sache herangehen und habe es gut geschafft. Ich habe innerhalb von 7 Monaten etwa 15 Kilogramm langsam abgenommen (am Anfang ging es deutlich schneller, dann stagnierte es) und habe das Gewicht einigermaßen gehalten.

Für dieses Büchlein aber ist mir wichtig zu erwähnen: ich bin kein LC-Experte und ich sehe das Ganze recht locker. Aber ich stehe mitten im Leben und somit ist mir beispielsweise aufgefallen, dass es gewisse Schwierigkeiten im Alltag im Umgang mit LC geben kann. Deshalb kann ich jedem, der ernsthaft LC betreiben möchte nur empfehlen, sich von Fachkräften beraten zu lassen und sich entsprechende Literatur zu besorgen. Ebenso ist es hilfreich, sich Tabellen mit den entsprechenden Kohlenhydraten zu besorgen und diese zu verinnerlichen.

Vorwegnehmen kann ich hier schon einmal, dass es mir seit der LC-Ernährung deutlich besser geht: ich habe weniger krankheitsbedingte Erschöpfungszustände, habe wieder mehr Energie und fühle mich insgesamt vitaler. Die Angst, dass es mir zu viel sein könnte, immer etwas zu backen oder zu kochen/vorzubereiten hat sich nicht bestätigt, da ich durch die hinzugewonnene Energie nun auch mehr Kraft zum Vorbereiten habe.

Ich backe mir mein Brot selbst und da ich immer noch sehr gerne Süßes esse, findet man bei mir IMMER etwas (LC-) Süßes im Haus – selbstgebackene Kekse, Torten, Kuchen, Schoko-Cremes und Vieles mehr. Das Tolle an LC ist wirklich, dass „LOW Carb, aber HIGH Fat" (also viele gesunde Fette) tatsächlich funktioniert und sich das Gehirn entsprechend umstellt.

Ich gehe bei meinen Lesern davon aus, dass Sie sich schon mit LC beschäftigt haben und werde deshalb auch nur kurz in einem Kapitel auf diese Ernährungsform eingehen.

Hier geht es um praktische Tipps und „süße" Rezepte, die noch dazu sehr einfach umzusetzen sind.

Erwähnen möchte ich außerdem noch, dass ich hier NUR laienhaft schildere, wie ICH meine Ernährung gestaltet habe. Ich habe wie eingangs erwähnt, nie akribisch Kohlenhydrate (KH) gezählt, oder auf sonstige ernährungswissenschaftliche Dinge geachtet – das wäre mir viel zu kompliziert geworden. Ich werde hier deshalb auch keine Ernährungspläne aufstellen. Betrachten Sie dieses Büchlein einfach als das, was es ist: ein kleines Rezepte-Buch zur Ergänzung Ihrer LC-Ernährung.

Ich konnte bereits nach schon 3-4 Wochen LC feststellen, dass meine Heißhunger-Attacken verschwanden, dass ich deutlich (!) mehr Energie und Kraft hatte, weniger Erschöpfungs-Anfälle und somit auch mehr Zeit und Kraft zum LC-Backen- und Kochen hatte. Ich esse mittlerweile auch mal ein „dickes" Eis im Eiscafé, Kuchen oder auch mal ein Stück Baguette – und nehme nicht zu. Was man mir geraten hat, ist eine „Low Carb – high fat" (wenige KH, aber viel FETTE) - Diät zu machen. Das heißt, ich darf viele möglichst gesunde Fette essen, was mir besonders den Anfang sehr leicht gemacht hat – mal zwischendurch ein dickes Stück Gouda-Käse abschneiden und meine geliebten Süßspeisen durfte ich mir gönnen.

Mit der Zeit wird man auch selbst immer erfinderischer, entdeckt neue Möglichkeiten und findet auch das für sich am Geeignetste heraus. Seien Sie mutig. Viele schnelle Rezepte, wenn mich doch mal der „kleine Hunger" überfällt, entwickele ich neu: auf die Schnelle mal ein Mikrowellen-Cookie oder Pfannkuchen backen – alles LC versteht sich! Der Fantasie sind keine LC-Grenzen gesetzt!

Und probieren Sie aus, welche Zutaten Sie bei „normalen" Rezepten austauschen können: Haben Sie ein Torten-Lieblingsrezept? Dann überlegen Sie einfach, wie Sie es in LC umwandeln können. Wichtig ist beim Umwandeln, dass man einem LC-Backrezept immer noch sogenannten „Weizenkleber" beifügt, damit es dem Original-Rezept auch am ehesten nachkommt.

Und noch ein ehrlicher Hinweis: ich habe die Rezepte alle selbst zubereitet, ausprobiert und verfeinert – aber ein LC-Brötchen wird selten an den Biss und Geschmack eines Weizen/Roggen-Brötchens herankommen. So verhält es sich auch bei manchen Kuchen und Muffins. Trotzdem ist LC eine tolle Alternative.

Des Weiteren möchte ich noch erwähnen, dass ich hier auf große Anleitung zum Kochen verzichte, da ich davon ausgehe, dass mein Büchlein nicht von absoluten „Koch-Anfängern" gelesen wird. Dass man ein Backblech und eine Kuchenform entweder einfettet oder mit Backpapier auslegt, ist sicherlich selbstverständlich.

Nun viel Freude beim Stöbern und Ausprobieren und auch beim Abwandeln!

Herzliche Grüße

Heike Führ

Was ist LOW CARB?

Grundregeln:

Alle Kohlenhydratangaben auf den Speisen beachten: Alles, was UNTER 10 g KH bei 100 g Speise ist, IST LC! Das macht das Einkaufen erst einmal einfach. Ich habe mir ein Büchlein gekauft, in dem von tausenden Speisen die Nährwertangaben enthalten sind und habe diese studiert und mir herausgeschrieben, was für mich in Frage kommt.

An Stelle von Zucker verwende ich **XUCKER** (im Internet erhältlich). Er schmeckt fast wie Zucker und sieht aus wie Zucker. Stevia schmeckt mir nicht und die üblichen zuckerfreien Süßungsmittel sind nicht wirklich gesund! Ich benutze sie aber aus Kostengründen trotzdem ab und an, denn 1 KG Xucker kostet um die 10 Euro!

Naschen zwischendurch: süße Mandeln (man bekommt sie in jedem Lebensmittelgeschäft – sie benutzt man sonst auch zum Backen). Ich habe immer ein Schälchen mit Mandeln in Griffweite stehen. (10 Stück Mandeln haben gerade 1 KH). Ideal für den Hunger zwischendurch, oder abends zum Knabbern. Ich habe auch immer welche in meiner Handtasche parat, da ich bedingt durch die MS plötzlich Hunger bekommen kann, der sofort gestillt werden muss, da sonst eine Fatigue (abnorme Erschöpfung) folgen könnte. Sich dann unterwegs mal schnell eine Brezel oder ein Brötchen zu kaufen, wäre sehr kontraproduktiv – also habe ich Mandeln als Lösung gefunden.

Baiser: Ich liebe Baiser in allen möglichen Formen. Und wenn man diesen mit Xucker herstellt, hat man die perfekte Süßigkeit für Naschkatzen.

Eis: Nichts einfacher als das: ich habe mir Eisförmchen gekauft: es gibt unzählige Möglichkeiten LC-Eis herzustellen: z.B. Früchte pürieren, mit Süßstoff und Joghurt oder Kokosmilch mischen, in die Eisförmchen füllen, einfrieren – fertig!

Salat und einige Obstsorten: Aufpassen!!! Hier sind sehr viele versteckte Zucker in den Früchten. Gut sind vorwiegend Beeren, wie Himbeeren, Erdbeeren und so weiter. Diese sind KH-arm und eignen sich auch einmal für zwischendurch.

Eiweiß/Protein (pulverisiert) ist bei LC ein Alleskönner. Man bekommt dies in Drogeriemärkten und im Internet. Mit der Zeit wird man Fachmann/Frau für die unterschiedlichen Anbieter und LC-Shops.

Abkürzungen:
LC = Low Carb
KH = Kohlenhydrate
g = Gramm
Min. = Minuten
TL = Teelöffel
EL = Esslöffel
ml = Milliliter
P = Päckchen/Packung

Tipps:

- Bei Kuhmilch Unverträglichkeit – Lactose freie Produkte oder Schafs- und Ziegen-Produkte
- Als Frischkäse „Skyr"
- Mandeln zwischendurch
- Nahrungsmittel für LC: Xucker, Mandelmehl (Kokos - oder Leinsammehl und Viele mehr)
- Kokosöl verwenden

Alle Kuchen und Muffins können jeweils noch mit Sahne und LC-Cremes gefüllt oder mit einem Topping versehen werden.
Zwischendurch geht immer mal ein Stück Käse, Wurst, Oliven, Mandeln, Erdnüsse in Maßen oder auch LC-Gebäck.

Mit zuckerfreiem Sirup kann man sich Pancakes, Joghurt/ Quarkspeisen oder auch den Kaffee versüßen. Ein Sahnehäubchen kann ebenfalls eine Süßspeise abrunden.

Für mich hat sich als äußerst praktisch erwiesen, dass ich oft die doppelte Menge an Brot/Brötchen oder auch Kuchen backe und die Restmenge einfriere. Das spart an hektischen Tagen Zeit und Nerven.

Stöbern Sie mal im Internet – es gibt viele tolle LC-Webpages mit leckeren Ideen und Rezepten.

In meinem LC-Buch „LC für unterwegs" habe ich einige Rezepte für Brote und Brötchen hinzugefügt und in meinem LC-Buch „Vegetarisch" finden Sie weitere leckere Gerichte.

Zu den Rezepten in diesem Buch ist zu sagen, dass Sie gerne auch ausprobieren und Rezepte mischen können. Vielleicht gefällt Ihnen der Totenboden eines Kuchen besonders gut: dann nehmen Sie ihn ruhig auch als Basis für andere Kuchen/Torten, wandeln ihn vielleicht ab. Leichte Veränderungen wie die Zugabe von Zimt/Spekulatius-Gewürz in der Winterzeit, machen aus einem normalen Tortenboden gleich einen lecker duftenden Weihnachtskuchen. Ebenso kann man Kakao und andere Gewürze unterschiedlich hinzufügen.

Auch hier sind der Fantasie keine Grenzen gesetzt.

Süßes & Kleines

KAFFEE

Kaffee, Cappuccino, Latte Macchiato und Milch-Café sind bei LC in Maßen erlaubt. ☺

Wenn ich eine süße „Heißhunger-Attacke" habe, mache ich mir einen leckeren Cappuccino mit beispielsweise LC-Karamell- oder Schoko-Sirup, Xucker und einem schönen Sahnehäubchen! ☺

Bitte auf die KH der Milch achten! (Gut bewährt sich z.B. Mandelmilch).

Schoko-Brotaufstrich

Zutaten:

230 g Seidentofu
20 g Backkakao
20 g Proteinpulver (mit Geschmack, z.B.: Cookies, Vanille)
1 TL Guarkernmehl
5-10 Tropfen Vanillearoma
2-3 TL Flüssig-Süßstoff
1 Spritzer Zitronensaft oder Limettensaft

Zubereitung:

- Seidentofu noch einmal gut aufschlagen
- Süßstoff, Aroma und Zitronensaft dazu geben
- Proteinpulver, Kakao und Guarkernmehl peu a peu unterrühren.

(Auch als Soße für andere Süßspeisen zu verwenden)

LC-Marmelade

Es gibt auch **Gelier-Xucker** zu kaufen. Nach Packungsanleitung kann man wie üblich Marmelade herstellen und es funktioniert gut.

Man kann dazu frische Früchte oder auch eingefrorenes Obst verwenden.

Für mich eine tolle Alternative und noch dazu schmeckt die Marmelade auch in Pudding oder Quark gut, man kann Kuchen damit bestreichen und Vieles mehr.

Weißer-Schoki-Aufstrich

Zutaten:

2 Tafeln weiße Xucker-Schokolade
100ml Sahne
Etwas Butter

Zubereitung:

- Alle Zutaten in einem Kochtopf mischen und kurz aufkochen lassen
- In Gläser füllen und im Kühlschrank aufbewahren.

Beliebig abwandelbar und ergänzbar durch Mandelsplitter oder auch Pinienkerne in der Schoki. ☺

Kuchen&Torten

SO kann eine Low-Carb Kaffee-Tafel aussehen ☺

Weitere Rezepte in den Büchern

„Low Carb für UNTERWEGS"
und
„Low Carb VEGETARISCH"

Kuchen

Mein absoluter Lieblingskuchen ist die „Sahne-Welle":

Zutaten:

Boden:
4 Eier
4-5 EL Xucker
1 Becher Sahne
200g gem. Mandeln
1 P. Backpulver
1 kl. Glas Sauerkirschen ohne Zucker
2 x Butter-Vanille-Aroma

Topping:
½ Tafel sehr dunkle Schokolade
½ Tafel Vollmilch-Schokolade mit Xucker (oder Stevia)
2-3 Becher Sahne
100g Frischkäse
Xucker nach Belieben
2 P. Sahnesteif
1 P Gelatine gemahlen
1 geh. EL Protein-Pulver mit Geschmack nach Wahl

Zubereitung:

Boden:
- Eier trennen und Eiweiß steif schlagen
- In einer andern Schüssel Eigelbe mit Xucker schaumig rühren
- 1 Becher Sahne hinzufüllen (flüssige Sahne!)
- Alle anderen Zutaten (bis auf das Eiweiß) hinzufügen
- Zum Schluss das Eiweiß vorsichtig unterheben
- In eine Springform füllen
- Mit abgetropften Kirschen belegen
- Bei 160°C und 50 Min. in den Backofen geben
- Abkühlen lassen

Topping:
- In der Zwischenzeit die Sahne (½ Becher Sahne bei Seite stellen) mit Xucker und Sahnesteif steif schlagen und dabei das Gelatine-Pulver einrieseln lassen.
- Das Proteinpulver ebenfalls unterrühren
- Kalt stellen

- Nun den halben Becher Sahne in einem Topf erhitzen und die Schokolade in Stücken dazu geben
- Ständig umrühren bis eine homogene Masse entsteht
- Bei Seite stellen und abkühlen lassen, dabei immer wieder einmal umrühren

- Wenn der Kuchen abgekühlt ist, die Sahne-Mischung auf den Kuchen geben und verteilen
- Nun die noch flüssige Schokoladen-Masse (darf nicht mehr heiß sein!) vorsichtig auf der Sahne verteilen

- Kühl stellen

Dieser Kuchen lässt sich mit unterschiedlichen Obstsorten abwandeln, man kann verschiedene Gewürze beigeben (im Winter beispielsweise Spekulatius, Lebkuchengewürz und/oder Zimt), man kann auch in Scheiben geschnittene Äpfel untermischen und so weiter.
Ebenfalls kann man die Sahne mit z.B. Zimt verfeinern oder noch etwas Quark beimischen.
Ihrer Fantasie sind keine Grenzen gesetzt.

Kokos-Schoko-Kuchen

Dieses Rezept ist auch in meinem Buch „LC vegetarisch", aber ich möchte es hier nochmal als „Allrounder" vorstellen. Denn dieses Rezept wandle ich sehr oft ab, verwende es als 2-teiligen Tortenboden und vieles mehr.

Das Grund-Rezept ist Folgendes:

Zutaten:

5 Eier
2 Tassen Xucker
1 Tasse Öl
3/4 Tasse Kakao
1,5 Tassen Kokosflocken
1,5 Tassen gemahlene Mandeln oder Haselnüsse
2 Tassen Mandelmehl
1 P. Backpulver
Ganz zum Schluss: 1 Tasse Sprudel

Zubereitung:

- Eier sehr cremig aufschlagen
- Xucker und Öl hinzu und nochmals verquirlen
- Dann nacheinander alle Zutaten hinzufügen und verquirlen

- Bei 170°C auf mittlerer Schiene
- Ca. 65 Min. backen

Prinzipiell ist der Kuchen nun fertig und wird ein leckerer nicht trockner Kuchen.

Nun kann man diesen Kuchen aber z.B. quer durchschneiden, sodass 2 Böden entstehen und kann ihn mit leckerer LC-Creme/Pudding/Sahne füllen und somit jeweils eine neue Torte kreieren.
An Weihnachten habe ich beispielsweise 1 P. Lebkuchen-Gewürz in den Teig hinzugegeben und hatte somit einen sehr leckeren Advents-Kuchen.
Man kann auch auf den Boden die Füllung von der „Sahne-Welle" verwenden und mit einem Schoko-Guss abrunden, mit Obst füllen oder in die Creme noch eine halbe oder ganze Tafel weiße Xucker-Schokolade (aufgelöst) hinzufügen und hat gleich nochmal ein neues Aroma.
Sie können auch eine andere LC-Schoko-Creme hinein füllen und die Torte damit auch rundherum bestreichen. Der Fantasie sind wirklich keine Grenzen gesetzt und dieser Kuchen gelingt immer und lässt sich wunderbar vorbereiten.
Auch ausprobiert habe ich, den Kakao wegzulassen und an dessen Stelle ein kleines Fläschchen Vanille-Butter-Aroma beizufügen. Das war auch sehr lecker.

LENI-Torte

Zutaten:

6 Eier
100g gem. Haselnüsse (oder alternativ gem. Mandeln)
100g Xucker
3 Becher Sahne
1 Tafel Zartbitter-Schokolade, sehr dunkel
1 Tafel Vollmilch-Schokolade/Xucker

1 EL Xucker
2 P. Sahnesteif

Zubereitung:

- Eier trennen und Eiweiß steif schlagen
- Eigelbe mit dem Xucker sehr (!) schaumig schlagen
- Je ½ Tafel Zartbitter- und LC-Vollmilchschokolade zusammen in der Mikrowelle schmelzen.
- Gem. Haselnüsse und geschmolzene Schokolade nach und nach zur Eigelb-Masse hinzufügen und weiter verrühren.
- Eiweiße vorsichtig unterheben.
- In eine runde Springform füllen und bei 195°C ca. 30 Minuten backen
- Herausnehmen und abkühlen lassen.

In der Zwischenzeit (oder am nächsten Tag) ½ Becher Sahne in einen Topf geben und die Schokolade in Stücken dazu geben. Alles erwärmen, gut umrühren, vermischen und abkühlen lassen.

In dieser Zeit 2 ½ Becher Sahne mit Sahnesteif und 1 EL Xucker steif schlagen.

Wenn der Boden abgekühlt ist, die Sahne darauf verteilen und die abgekühlte noch flüssige Schoko-Masse vorsichtig darauf verteilen: fertig!

Im Kühlschrank aufbewahren und die Schoko-Masse fest werden lassen. Mit einem heißen/feuchten Messer anschneiden.

Schoko-Kuchen a la „Sacher"

Zutaten:

Teig:
4 Eiweiß
5 Eigelbe
100 g Butter
120 g Puder-Xucker

Mark von ½ Vanilleschote
150 g gem. Mandeln
25 g Protein-Pulver Vanille-Geschmack
120g Zartbitter-Schokolade (oder Kuvertüre)
50 g Weizenkleber

Glasur:
300 g Xucker
200 g LC-Aprikosen-Konfitüre
100 g Zartbitter-Schokolade
70 g Kakao

Zubereitung:

Backofen auf 175°C vorheizen

- Eiweiße mit 80g Puder-Xucker steif schlagen
- Zartbitter-Schokolade schmelzen
- Eigelbe, 40g Puder-Xucker und Butter schaumig rühren
- Vanillemark und flüssige Schokolade unterrühren
- Gem. Mandeln, Weizenkleber und Protein-Pulver mischen und unter die Eigelbe-Masse heben
- Zum Schluss vorsichtig Eiweiß unter diese Masse heben
- 40-50 min. backen und anschließend erkalten lassen und einmal quer durchschneiden

- Unteren Boden mit etwas LC-Konfitüre bestreichen, zweiten Boden auflegen.
- Restliche Aprikosen-Konfitüre mit 2-3 EL Wasser in einem Topf erhitzen, kurz köcheln lassen und auf die Torte streichen.

- 300 g Xucker, 100 g Zartbitter-Schokolade und 70 g Kakao in ca. 130 ml Wasser aufkochen und ständig umrühren.
- Wenn die Masse fest wird auf den Kuchen streichen/überziehen.

Einfacher Mandel-Kuchen mit Sahne-Topping

Zutaten:

3 Eier
80 g flüssige Butter
4 EL Xucker
200 g gem. Mandeln
½ P. Backpulver
Nach Bedarf einen Schuss Milch

300 ml Sahne
2 P. Sahnesteif
Schokoladenraspel, zartbitter
Evtl. Süße

Zubereitung:

Teig:
- Eier schaumig rühren, Butter und Xucker hinzufügen.
- Die gem. Mandeln mit Backpulver mischen und zur Eiermasse hinzufügen
- Nach Belieben kann ein Schuss Milch dazugegeben werden, dann lässt sich der Teig besser in der Backform verteilen.
- Den Teig in eine Springform geben und bei 180-200°C ca. 25-30 Min. backen.

- Belag:
- Die Sahne mit dem Sahnesteif steifschlagen und eventuell noch süßen
- Den abgekühlten Kuchenboden aus der Springform nehmen und die Sahne darauf verteilen. Nach Belieben mit Schokoraspeln verzieren.

Schoko-Kirsch-Kuchen

Zutaten:

6 Eier
3 EL Xucker
200 g Zartbitterschokolade
1 Glas ungezuckerte Sauerkirschen
1 P. Vanillepuddingpulver
1 Prise Salz

Zubereitung:

- Die Eier trennen
- Eiweiß mit etwas Salz sehr steif schlagen
- Die Schokolade schmelzen, etwas abkühlen lassen
- Die Eigelbe mit dem Xucker verrühren
- Schokolade einrühren
- Eischnee unterheben.

- Bei 150°C Umluft ca. 50-60 Min. backen.

- Der Teig fällt nach dem Abkühlen etwas zusammen.
- In der Zwischenzeit etwas von dem Saft mit dem Puddingpulver verrühren
- Die Kirschen mit dem restlichen Saft in einen Topf geben und zum Kochen bringen
- Saft mit verrührtem Puddingpulver nun zu den Kirschen in den Topf geben und gut verrühren, kurz aufkochen
- Die Kirschen auf dem abgekühlten Boden verteilen und mit dem warmen Guss bestreichen.

Mohn-Käse-Kuchen

Zutaten:

3 Eiweiße
600 g Quark
4 EL Xucker
100 g Mohn
50 g Proteinpulver / Vanillegeschmack
40 ml Milch
1/2 P. Vanillepuddingpulver
Mandelblättchen

Zubereitung:

- Eiweiße steif schlagen
- Quark mit Xucker verrühren
- Protein-Pulver hinzufügen und gut verrühren
- Eiweiße unterheben
- 2/3 des Teiges in eine Springform geben.
- Mohn mit Milch vermischen und gleichmäßig auf dem Teig verteilen.
- Restlichen Teig darauf streichen.

- Nach Belieben mit Mandelblättchen verzieren

- Circa 60 Minuten bei 175°C in den Backofen

- <u>Variante mit Baiser-Haube</u>: dafür 3 Eiweiß mit etwas Salz steif schlagen und Xucker nach Belieben unterrühren. Auf dem Kuchen verteilen und darauf dann die Mandelblättchen legen

Apfelkuchen

Zutaten:

4 Eier
130 g geschmolzene Butter
100 g Xucker
100 g Frischkäse
100 g Mandelmehl
80 g gem. Mandeln
Vanilleextrakt
Zimt
3 Äpfel
1 EL Backpulver
Etwas Salz

Zubereitung:

- Die Äpfel schälen, entkernen und klein schneiden
- Eier sehr schaumig rühren
- Die geschmolzene Butter, Xucker, Frischkäse und Vanilleextrakt hinzufügen und verrühren
- Mandelmehl, gemahlene Mandeln, Backpulver und die Gewürze unterrühren
- Den Teig in eine gefettete Backform geben und die Äpfel darauf verteilen

Bei 180°C ca. 40 Minuten backen

Pavlova

Zutaten:

Eiweißmasse:
4 Eiweiße
1 Prise Salz
200 g Xucker
Vanille-Aroma
1 gehäufter TL Guarkernmehl

Belag:
500g Obst (z.B. Himbeeren, Blaubeeren)
4 Becher Schlagsahne
2 EL Puder-Xucker

BAISER-Varianten

Hier möchte ich Ihnen einfach mal ein paar Fotos zeigen als Möglichkeiten, wie Sie einfache Baiser-Desserts- oder Snacks zubereiten können – Als Ideengeber sozusagen ☺

Kuchen mit Baiser-Haube überbacken:

Meringue in allen möglichen Varianten, mit Füllungen und Speisefarbe:

Pavlova mit Obst und Sahne:

Cupcakes a la Tiramisu

Zutaten:

Teig:
3 Eier
100 g Xucker
50 g geschmolzene Butter
100 g gem. Mandeln
1 EL Backpulver
1 Fläschchen Butter-Vanille-Aroma

Füllung:
100 g Mascarpone
1 gekochter Espresso zum „Tränken"
1 ½ EL Xucker
3 Tropfen Bittermandelaroma

Frosting:
100 ml Sahne
120 g Mascarpone
4-5 EL Xucker
1 Fläschchen Butter-Vanille-Aroma

Zum Bestäuben:
Etwas Backkakao oder Schoko-Raspeln (dunkel)

Zubereitung:

- Eier schaumig schlagen, geschmolzene Butter, Butter-Vanille-Aroma und Xucker hinzufügen
- Mascarpone gut unterrühren
- Gemahlene Mandeln und Backpulver unterrühren
- Teig in Muffin-Förmchen füllen
- Bei 170°C ca. 25 Min. backen
- Muffins anschließend abkühlen lassen

In der Zwischenzeit einen Espresso zubereiten und mit dem restlichen Xucker und Bittermandel-Aroma mischen.
In die Muffins mit Hilfe eines Zahnstochers kleine Löcher stechen und jeweils 1 TL von dem verfeinerten Espresso auf den Muffins verteilen.

Frosting: Mascarpone mit Xucker und dem Aroma gut vermischen.
Die Sahne separat steif schlagen und unter die Mascarpone-Masse heben und auf den abgekühlten Cupcakes verteilen. Abschließend mit etwas Backkakao oder Schoko-Raspeln bestäuben.

Oder mit Schoko-Topping (Kakao):

Blätterteig-Grundrezept

- Vorbereitungs-Zeit einplanen!

Zutaten:

100g kalte Butter
100g Mandelmehl
100g Magerquark
½ TL Backpulver
Eine Prise Salz

Zubereitung:

- Alle Zutaten mischen und verrühren oder/und mit den Händen verkneten
- Zu einer Kugel formen, in Frischhaltefolie wickeln und ca. 30 Minuten lang in den Kühlschrank legen
- Dann Teig zu einem Rechteck ausrollen
- Jetzt muss der Teig „geblättert" werden:
- Dafür das linke Drittel des Rechtecks über das mittlere Drittel klappen und anschließend das rechte Drittel darüber legen
  (so, dass nun drei Schichten übereinander liegen)
- Dieses kleinere Rechteck nun vorsichtig in Folie wickeln und nochmals in den Kühlschrank geben und für 30 Minuten ruhen lassen

Wie Sie nun den Blätterteig füllen oder bestreichen – das bleibt Ihrer Fantasie überlassen. ☺

Bei 220°C im vorgeheizten Backofen goldbraun backen.

Danach ganz nach Belieben eventuell auch noch mal belegen.

Schokoladen-Kaffee-Muffins

Zutaten:

4 Eier
2 Eiweiße
100 g Xucker
100g geschmolzene Butter
100 g Zartbitterschokolade
2 EL Espresso
200 g gem. Mandeln
60 g gehackte Mandeln
1 TL Backpulver
Etwas Rum-Aroma

Zubereitung:

- Zartbitterschokolade schmelzen und bei Seite stellen
- Eier trennen
- 4 Eiweiße steif schlagen
- 2 Eiweiße separat steifschlagen
- Eigelbe schaumig rühren, Butter und Xucker unterrühren und solange rühren, bis eine cremige Masse entstanden ist
- Dazu die 2 EL Espresso geben und die geschmolzene Schokolade einrühren

- Gemahlene Mandeln mit gehackten Mandeln und Backpulver vermischen und nach und nach zur Masse geben
- Zum Schluss den Eischnee aus den 4 Eiern unterheben
- Die Masse in Muffin-Förmchen füllen
- 2 steifgeschlagene Eiweiß als Topping auf die Muffins geben

- Bei 180°C 20 - 25 Minuten backen

- Aus dem Ofen nehmen und etwas mit Rum-Aroma beträufeln

Schoko-Tassenkuchen 1 / Mikrowelle

Zutaten:

1 Ei
40 g Joghurt
25 g Protein-Pulver (Schoko-Geschmack)
Etwas Backkakao
1 TL Backpulver
1 EL Xucker
Obst nach Belieben

Zubereitung:

- Ei gut mit Xucker verquirlen, Joghurt dazu geben
- Protein-Pulver, Backkakao und das Backpulver hinzugeben verrühren
- Teig in eine große Tasse füllen und für ca. 3-4 Minuten bei 600 Watt in die Mikrowelle geben

Den fertigen Tassenkuchen kann man dann noch mit Früchten genießen.

Schoko- Tassenkuchen 2 / Mikrowelle

Zutaten:

1 Ei
2-3 EL Xucker
3 EL Öl
3 EL Mandel-Creme, oder Erdnuss-Butter, oder LC-Nuss-Nougat Creme
3 EL Mandelmehl
1 EL Backkakao
3 EL Milch (z.B. auch Mandelmilch)
1 Prise Salz
1 TL Backpulver

Zubereitung:

- Ei mit Zucker und Öl schaumig schlagen
- Alle weiteren Zutaten hinzufügen und gut verrühren
- Den Teig in einen großen Becher füllen
- Bei 600 Watt für 1,5-2 Minuten in der Mikrowelle garen

Das fertige Küchlein kann man nach Belieben mit Schlagsahne oder frischem Obst dekorieren.

SCHOKO-Käsekuchen mit Himbeeren

Zutaten:

2 Eier
60g Xucker
600g Frischkäse
200g Joghurt
35g Kakaopulver
150g frische Himbeeren
2 EL Xucker-Schokodrops
2 Stück dunkle Schokolade

Zubereitung:

- Backofen auf 140°C vorheizen
- Eier mit Xucker schaumig schlagen
- Danach Frischkäse, Joghurt, Kakaopulver unterschlagen
- Nun die Schoko-Drops und danach die Himbeeren unterheben
- Alles in eine kleine Springform füllen (ca. 18 cm)
- 40 bis 50 Minuten backen
- Nach dem Abkühlen kann man den Kuchen noch mit den 2 Stück geschmolzener Schokolade und ein paar Himbeeren garnieren

Johannisbeer-Quark-Kuchen

Zutaten:

6 Eier
4-5 EL Xucker
250g Magerquark
200g Frischkäse
200g körniger Frischkäse
75g Proteinpulver mit Geschmack nach Wahl (z.B. Vanille, Toffee)
250g gemahlene Mandeln
1 P. Backpulver
100g frische Johannisbeeren

Zubereitung:

- Backofen auf ca. 200°C vorheizen

- **Boden**: 3 Eier trennen, (Eigelbe aufheben), Eiweiße steif schlagen
- Ein ganzes Ei schaumig schlagen, 2 EL Xucker hinzu geben
- Gemahlene Mandeln und Backpulver hinzufügen
- Nun die 3 steif geschlagenen Eiweiße unterheben
- In eine Springform füllen
- Ca. 15 Min. backen, danach herausnehmen und abkühlen lassen

- In der Zwischenzeit die **Quarkfüllung** vorbereiten:
- Die drei übrigen Eigelbe in eine Schüssel geben
- Zwei Eier trennen und das Eiweiß steif schlagen (die beiden nun übrigen Eigelbe werden für den Kuchen nicht mehr benötigt)
- Quark und Frischkäse, restlichen Xucker, Proteinpulver und Backpulver verrühren, das steif geschlagene Eiweiß unterheben
- Einen Teil der Johannesbeeren zum Schluss vorsichtig unterheben
- Ca. 30 Minuten backen
- Aus dem Ofen nehmen und abkühlen lassen
- Mit Puder-Xucker und den restlichen Johannesbeeren verzieren

Süße Pfannkuchen

Zutaten:

3 Eier
Flüssigen Süßstoff oder Xucker nach Belieben
150g gemahlene Mandeln
3 EL Proteinpulver mit Geschmack nach Wahl

Nach Bedarf und Belieben: -
- Gewürze, wie Zimt
- Evtl. etwas Mandelmilch

Salz
Kokos-Öl zum Ausbacken

Zubereitung:

- Eier sehr schaumig aufschlagen
- Süße, Mandeln, Proteinpulver und Salz (und evtl. Mandelmilch) dazu geben und gut vermischen
- Esslöffelweise den Teig in eine heiße, mit Kokos-Öl gefettete Pfanne geben und von beiden Seiten goldbraun braten

(Die fertigen Pfannkuchen können nach Belieben noch mit etwas Xucker und Zimt bestreut werden und mit Sirup beträufelt werden).

Schoko-Pancakes

Zutaten:

2 Eier
1 EL Quark
3 EL Proteinpulver (Schoko)
1 TL Kakaopulver
1 EL Xucker
Etwas Mandel- oder Soja-Milch
Kokos-Öl zum Ausbacken

Zubereitung:

- Eier kräftig aufschlagen
- Proteinpulver, Xucker und Quark dazugeben und alles vermischen
- (Falls der Teig zu fest ist, etwas Mandelmilch hinzugeben)
- Kleine Pancakes formen und in der Pfanne mit Kokos-Öl ausbacken

(Dazu schmecken Beeren und z.B. Joghurt/Quark/Schlagsahne, auch mit LC-Ahornsirup beträufelt.
Natürlich ist das Rezept mit einem geschmacklich anderen Eiweiß-Pulver abwandelbar).

Und immer noch ist das Ganze jeweils abwandelbar mit Sirup, Schlagsahne, Puder-Xucker, LC-Marmelade und so weiter! ☺

Oder mit Sahne/Creme füllen und stapeln:

Desserts / Süßes

Kokosbällchen

Zutaten:

140g Kokosraspeln
200 ml Kokosmilch
100g gemahlene Mandeln
60 g Proteinpulver mit Geschmack (z. B. Vanille, Toffee, Kokos)

Zubereitung:

- Kokosmilch, Mandeln, 110 g Kokosraspeln und Proteinpulver in einer Schüssel miteinander vermischen
- 1 Stunde lang abgedeckt im Kühlschrank aufbewahren
- Wenn der Teig fest ist: zu Kugeln formen
- Anschließend in den restlichen Kokosflocken wälzen und wieder kühl stellen. Vor dem Verzehr etwa eine halbe Stunde vorher aus dem Kühlschrank nehmen.

Schokoladen-Mandel-Pralinen

Zutaten:

2 EL Kokosöl
2 EL Mandelmus
200 g gemahlene Mandeln
1 EL Back-Kakao
2 TL Süßungsmittel nach Belieben
1 TL Vanillearoma
Kokosraspel oder Kakao nach Belieben zum Ausrollen

Zubereitung:

- Kokosöl in der Mikrowelle schmelzen
- Kakao einrühren
- Mandeln, Süße und Vanille mischen
- Kokosöl zur Mandel-Mischung geben und gut vermengen
- Die Masse zu Kugeln formen
- Nach Belieben noch in Kokosraspeln oder Kakao wälzen
- In den Kühlschrank stellen

"Marzipan"-Kugeln

Zutaten:

1 gehäufter EL Mandelmus
100g Mandelmehl
2-3 EL Xucker (je nach Geschmack mehr oder weniger)
2 EL Wasser (oder auch Rosenwasser)

Zubereitung:

- Rosenwasser und Xucker mischen
- Mandelmus dazugeben und verrühren
- Mandelmehl hinzufügen und nochmals verrühren
- Aus der Masse Kugeln formen und kühlen

Kokos-Schoko-Bällchen

Zutaten:

100g Xucker
100g flüssige Butter
1 EL Kokosmehl
1 geh. EL Back-Kakao
2 EL Schoko-Proteinpulver
70g dunkle Schokolade
100g Kokosraspeln
½ Fl. Aroma: Butter-Vanille
2 EL kalter Espresso (oder LC-Sirup nach Wahl)

Zubereitung:

- Butter und Xucker schaumig schlagen
- Kokosmehl, Back-Kakao, Proteinpulver untermischen
- Mit den Händen Bällchen formen und auf einen großen Teller legen
- Teller in den Kühlschrank stellen
- In der Zwischenzeit Schokolade in der Mikrowelle erhitzen
- Nun die Bällchen nacheinander kurz in die Schokolade tauchen
- Anschließend mit den Kokosraspeln bestreuen (bzw. darin wälzen)
- Kühl stellen (und im Kühlschrank aufbewahren) – FERTIG ☺

Auch dieses Rezept kann man beliebig abwandeln, indem man zur Weihnachtszeit beispielsweise Rum (oder Rum-Aroma), Zimt usw. untermischt.

Schoko-Erdnuss-Pralinen

Zutaten:

100g sehr dunkle Schokolade
2 EL Erdnussbutter
1 EL Mandelmus
50g Mandelsplitter
1 EL gesalzene Erdnüsse
2 EL Kondensmilch oder Sahne
Evtl. etwas Xucker
„Eiswürfel-Form"

Zubereitung:

- Schokolade schmelzen (Mikrowelle oder Wasserbad)
- In der Zwischenzeit Erdnussbutter und Mandelmus mit dem Rührgerät vermischen
- Kondensmilch hinzufügen
- Mandelsplitter und Erdnüsse unterrühren

- Die Hälfte der flüssigen Schokolade in die Eiswürfelform füllen
- Die Erdnuss-Creme darüber verteilen
- Die zweite Hälfte der flüssigen Schokolade darüber geben
- Mindestens eine Stunde im Kühlschrank fest werden lassen

Schoko-Mousse

Zutaten:

250g Sahne
1 EL gemahlene Mandeln
1 TL Kakaopulver
1 EL Proteinpulver „Schoko"
1 TL Kokosöl
Ein Schuss Kokosmilch
Süße nach Belieben

Zubereitung:

- Die Sahne steif schlagen
- Alle anderen Zutaten gut verrühren
- Sahne vorsichtig unterheben

Chia-Pudding:

Chia-Pudding hell

Zutaten:

200ml Mandelmilch
4 EL Chia-Samen
Xucker nach Belieben
Zimt nach Geschmack
Himbeeren oder Obst nach Wahl

Zubereitung:

- Mandelmilch, Chia-Samen, Xucker und Zimt verrühren
- Circa 2 Stunden (oder über Nacht) quellen lassen.
- Anschließend die Himbeeren darüber verteilen.

Chia-Schoko-Pudding

Zutaten:

200 ml Mandelmilch
50 ml Kokosmilch
45 g Chia-Samen
1 TL Eiweißpulver mit Geschmack nach Wahl
1 gehäufter EL Kakaopulver
Flüssigen Süßstoff nach Belieben

Zubereitung:

- Alle flüssigen Zutaten aufschlagen
- Die anderen Zutaten getrennt verrühren
- Alles mischen und mindestens 2 Stunden kühl stellen, damit es eindickt (noch besser über Nacht)

Himbeer-Crumble

Zutaten:

1 Ei
130g Butter
130g Xucker
80g Kokosraspel
40g Kokosmehl
1 TL Backpulver
250g Frischkäse
1 Vanilleschote (oder Aroma)
125g Himbeeren (frisch oder gefrorene)
1 Prise Zimt

Zubereitung:

Backofen auf 180° Grad Ober-/Unterhitze vorheizen.

Teig:
- Butter und die Hälfte des Xuckers schaumig schlagen
- Kokosmehl, Kokosraspeln und Backpulver dazu geben und weiter verrühren
- ¾ des Teiges in eine flache Auflaufform oder auf ein mit Backpapier belegtes Backblech füllen und zur Seite stellen.

Füllung:
- Ei und Xucker schaumig rühren
- Frischkäse, Zimt und Vanillemark dazu geben und weiter verrühren
- Die Himbeeren waschen und vorsichtig unter den Teig heben.
- Die Füllung nun auf den „Boden" geben
- Den Rest des Teiges nun über die Himbeerfüllung bröseln
- Ca. 20 Minuten backen
- Den Teig in ein Glas schichten und mit ein paar frischen Himbeeren garnieren.

Abwandlung: man kann auch noch etwas Schlagsahne unter das Crumble mischen.

Einfacher Pudding

Zutaten:

500 ml Mandelmilch
1 ½ TL Guarkernmehl
Flüssigen Süßstoff nach Belieben
1 EL Kakaopulver
1 Vanillearoma (oder Vanilleschote)

Zubereitung:

- Die Mandelmilch in einen Kochtopf geben und vorsichtig das Guarkernmehl einrieseln lassen, bzw. sehr schnell mit einem Schneebesen verrühren, damit es nicht klumpt
- Gut 10 Minuten quellen lassen
- Süßstoff, Kakao und Vanillearoma hinzufügen
- Das ganze langsam erhitzen und dabei ständig rühren

(Der Pudding kann warm oder kalt genossen werden und beispielsweise mit Sirup oder anderen süßen Soßen, sowie Zimt verfeinert werden.)

„Grießbrei" aus Blumenkohl

Ich mache mir dieses Gericht manchmal um meinem „Süß-Hunger" entgegen zu wirken, aber trotz aller Tricks schmeckt man den Blumenkohl immer noch leicht heraus und von daher ist es mit Sicherheit etwas gewöhnungsbedürftig.

Zutaten:

500g Blumenkohl (frisch oder gefroren/aufgetaut)
150g Frischkäse
Xucker nach Belieben
Vanille-Aroma oder Aroma nach Wahl
Evtl. noch Sahne
Evtl. Xucker-Zimt-Mischung zum Bestreuen

Zubereitung:

- Blumenkohl gar kochen (je nach gewünschter Konsistenz bissfester oder weicher) und abgießen
- Dann mit dem Frischkäse, Xucker und Aromen pürieren

Tipp:

Dem Kochwasser kann man etwas Zitronensaft beimischen, damit der typische Kohlgeruch etwas neutralisiert wird.

Mit einem Schuss Sahne kann man den Brei noch etwas cremiger werden lassen

Gerne auch mit Früchten oder mit LC-Sirup als Dessert genießen.

Käsekuchen-Creme

Zutaten:

500ml Mandelmilch
500g Magerquark
Xucker nach Belieben
1 P. Puddingpulver (Vanille- oder Sahnegeschmack)
Etwas Butter-Vanille-Aroma

Zubereitung:

- Puddingpulver mit etwas kalter Mandelmilch glatt rühren
- Restliche Mandelmilch aufkochen und das angerührte Puddingpulver einrühren; unter ständigem Rühren aufkochen
- Pudding vom Herd nehmen und den Magerquark einrühren
- Abkühlen lassen
- Xucker und Butter-Vanille-Aroma einrühren

Abwandlung:

Die Hälfte der Quarkmasse mit Kakao mischen und dann über die helle Quarkmischung geben.
Auch hierzu schmeckt Obst und Schlagsahne, sowie LC-Sirup.

„Bayrische Creme"

Diese Creme ist etwas aufwendiger zu machen, aber es lohnt sich ☺

Zutaten:

350 ml Mandelmilch
6 Blätter Gelatine, oder entsprechende Menge Gelatine-Pulver
4 Eigelbe
1 Vanille-Aroma
Puder-Xucker nach Belieben (ca. 2-3 EL)

200ml Sahne

Einige Eiswürfel

Zubereitung:

- Die Gelatineblätter in einer Schüssel mit kaltem Wasser mindestens 10 Minuten einweichen lassen (Wenn Sie Gelatine-Pulver verwenden wird dieses später einfach mit eingerührt)
- Mandelmilch in einem Topf heiß werden lassen.

- Wasserbad vorbereiten und dafür eine Metallschüssel auf einen Topf mit Wasser setzen. Auf den Herd stellen, damit das Wasser aufkochen kann.

- Die Eigelbe und Puder-Xucker in die Schüssel geben und darin schaumig rühren.
- Mandelmilch zum Eigelb gießen und weiterhin kräftig umrühren (bis die Creme im Wasserbad warm und dickflüssig wird)

- Für das kalte Wasserbad zum Abkühlen der Eigelb-Masse: In einer großen Schüssel kaltes Wasser mit einigen Eiswürfeln mischen. Die Metallschüssel mit der Eigelb-Creme hineinstellen
- Die Gelatineblätter nacheinander abtropfen lassen und einzeln unter die noch warme Creme rühren bis sie aufgelöst sind. (Falls Sie gemahlene Gelatine verwenden: einfach unterrühren). Wenn Sie keine Eiswürfel zur Hand haben, können Sie auch sehr kaltes Wasser in die Spüle einlassen und dort hinein die Eigelb-Creme zum Abkühlen stellen und immer noch weiterrühren.
- Sahne steif schlagen und mit einem Schneebesen sehr vorsichtig unter die Creme heben

- Creme in Förmchen oder in eine große Schüssel füllen (und später kleine Bällchen abstechen)
- Kühl stellen

Tipp: Mit Früchten servieren.

Apfel-Quark-Zimt Dessert

Zutaten:

1 Apfel
250g Quark
Etwas Butter
2 EL Xucker
Zimt

Topping: Frischkäse oder geschlagene Sahne und Xucker

Zubereitung:

- Apfel schälen und entkernen und in kleine Stücke schneiden
- Butter in einer Pfanne zum Schmelzen
- Xucker hinzufügen und rühren
- Den klein geschnittenen Apfel hinzugeben und alles miteinander karamellisieren lassen
- Zimt hinzufügen und kurz leicht köcheln lassen

- Währenddessen Quark mit etwas Xucker verrühren
- In kleine Gläschen füllen

- Die Apfel-Masse auf den Quark geben
- Einen Klecks Frischkäse oder Schlagsahne als Topping darauf geben

Einfache Tiramisu-Creme

Zutaten:

1 Ei
165g Mascarpone
2-3 EL Xucker
Etwas Rum-Aroma
Etwas Kakao-Pulver

Zubereitung:

- Eier trennen
- Eiweiß steif schlagen
- Mascarpone mit Xucker, dem Eigelb und Rum-Aroma sehr cremig rühren
- Eiweiß unterheben
- In kleine Schälchen geben
- Mit Kakaopulver bestreuen

Abwandlung:
Obst untermischen oder eine Schicht aus Obst belegen
1 Espresso teilweise untermischen
Mit LC-Sirup beträufeln

Zitronen-Soufflé

Zutaten:

2 Eier
4 EL Vanille-Eiweißpulver
200 g Magerquark
2 EL Zitronensaft
2 TL Zitronenschale (unbehandelt)
2 EL Xucker

Zubereitung:

- Eier trennen und das Eiweiß mit einer Prise Salz steif schlagen

- Eigelb mit Xucker verrühren
- Eiweißpulver, Quark Zitronensaft hinzufügen und verrühren
- Eiweiß vorsichtig unterheben

- Auflaufförmchen fetten und mit Xucker ausstreuen
- Die Masse in Förmchen füllen
- Auf ein mit warmem Wasser gefülltes Backblech stellen

- Bei 180°C ca. 20 Minuten backen

Tipp:

Obst passt wunderbar dazu.

Panna Cotta

Zutaten:

300 ml Sahne
100g Sahnequark
2 EL Xucker
3 Blatt Gelatine oder entsprechende Menge gemahlene Gelatine
1 Vanilleschote oder Vanille-Aroma

Zubereitung:

- Gelatine in etwas Wasser ca. 10 Minuten aufquellen lassen
- Die Sahne in einem Topf erhitzen
- Mark der Vanilleschote herauskratzen und zur Sahne geben
- Aufkochen
- Ca. 5 Minuten köcheln lassen
- Die Vanilleschote herausnehmen
- Gelatine aus dem Wasser herausnehmen und einrühren (oder Gelatinepulver einrühren)
- Quark und Xucker einrühren
- In Gläschen füllen
- Mindestens 3 Stunden kühlen

Dazu passen Himbeeren oder Erdbeeren – auch als Püree.
Oder mit LC-Sirup beträufeln.

Schoko-Creme

Zutaten:

2 Eiweiß (oder 2 EL Schoko-Eiweißpulver)
1 Eigelb (oder weglassen)
500g Magerquark
20g Kakaopulver
100 ml Mandelmilch
20g gemahlene Mandeln
2 EL Xucker

Zubereitung:

Optional: 2 Eiweiße steif schlagen.

- Quark, Mandelmilch, (optional: Eigelb), gemahlene Mandeln und den Xucker verrühren
- (Danach den Eischnee dazugeben)
- Kakao einrieseln lassen und verrühren.

Tipp: Obst passt gut dazu, Sahne und LC-Sirup

Mokka-Sahne-Mousse

Zutaten:

350ml Kaffee
60ml Schlagsahne
1 TL Kakaopulver
1 P. Gelatine-Pulver für 500ml (!) Flüssigkeit
2 EL Wasser
Xucker nach Belieben

Zubereitung:

- Kaffee brühen
- Gelatine-Pulver einrühren
- Xucker und Kakao unterrühren

- Kühl stellen und nach ca. 1 Stunde umrühren
- Sahne steif schlagen und unterheben
- Die Mousse in kleine Schälchen füllen (oder in eine große Schüssel füllen und kleine Bällchen abstechen.

Dazu passt Obst und Schlagsahne.

Sahne-Frischkäse-Schoko-Protein-Creme

Zutaten:

200g Sahne
200g Frischkäse
25g dunkle Schokolade
1 geh. EL Protein-Pulver mit Geschmack
1 P. Sahnesteif
1-2 EL Xucker
1 EL Xucker-Schoko-Drops

Zubereitung:

- Sahne mit dem Sahnesteif und Xucker steif schlagen
- Frischkäse unterrühren
- Proteinpulver unterrühren
- Schokolade schmelzen (Mikrowelle oder Wasserbad) und unterheben
- Schoko-Drops unterheben und ein paar zum Garnieren aufheben.

Anmerkung: Sie können die Zutaten in der Menge variieren – das kommt auch ein bisschen auf Ihren Geschmack an und welche Konsistenz Sie mögen.

Zum Anrichten sieht es nett mit einem Sahnehäubchen und etwas LC-Sirup aus.

Schoko-Splitter

Zutaten:

1 Tafel Zartbitter-Schokolade, sehr dunkel
1 Tafel Vollmilch-Schokolade/Xucker
1-2 Beutel gehackte/gestiftete Mandeln

Zubereitung:

- Schokolade in der Mikrowelle schmelzen
- Mit den Mandel-Splittern vermischen
- Auf einem mit Backpapier ausgelegtem Backblech kleine „Häufchen" mit 2 Teelöffeln abstechen und trocknen lassen: fertig!

Tipp: Das Rezept kann auch mit jeder anderen LC-Schokolade abgewandelt werden. (Z.B. Weiße, Zartbitter- Mokka- oder Haselnussschokolade).

Gefüllte Feigen mit Mandel-Joghurt

Zutaten:

4 reife Feigen
1 TL gemahlene Mandeln
120g Joghurt
½ - 1 Zitrone
1 Spritzer Süßstoff
1 kleine Prise Chili

Zubereitung:
- Feigen vorsichtig waschen und trockentupfen
- Jeweils den Deckel abschneiden und das Fruchtfleisch mit einem Teelöffel vorsichtig herauslösen
- Das Fruchtfleisch mit einer Gabel zerdrücken
- Joghurt mit Zitronensaft, Chili und Süßstoff abschmecken und verrühren
- Die gemahlenen Mandeln unter das Fruchtfleisch rühren
- Vorsichtig das Joghurt unterheben
- Nun die Joghurt-Frucht-Masse in die Früchte füllen und die Deckel leicht schräg aufsetzen.

EIS

Das einfachste und schnellste Eis ist mit gefrorenen Früchten, etwas Joghurt und Xucker herzustellen: einfach alles mit dem Stabmixer pürieren: FERTIG!

Man kann auch noch etwas Eiweißpulver unterrühren, dann wird es etwas sämiger.

Wenn man auf frisches Eiweiß verzichten möchte, kann das Herstellen von Eis ohne Eismaschine den Nachteil haben, dass es nach dem Herausnehmen aus dem Gefrierschrank sehr hart geworden ist. Wenn man es dann noch einmal kurz in den Mixer gibt, hat man aber die richtige Konsistenz.

Ich stelle hier ein paar Rezepte vor, die auf jede erdenkliche Art und Weise abwandelbar sind.

Außerdem dürfen sie bei LC auch immer Schlagsahne dazu essen und mit LC-Sirup verfeinern, geröstete Mandeln/Mandelsplitter hinzufügen, LC-Schoko-Drops dazugeben usw.! Ihrer Fantasie sind keine Grenzen gesetzt.

Himbeer-Eis

Zutaten:

300g tiefgefrorene Himbeeren oder andere Früchte
1 (frisches!) Eiweiß
Xucker nach Belieben
Vanille-Aroma

Zubereitung:

- Gefrorene Früchte, Aroma und Xucker mit dem Stabmixer pürieren
- Eiweiß dazu geben und GUT durchrühren

Schokoladen-Eis

Zutaten:

100 ml Mandelmilch
35 g Schoko-Eiweißpulver
1 EL Mandelmus
Xucker nach Belieben

Zubereitung:

- Mandelmus und das Eiweißpulver verrühren
- Mandelmilch und Xucker untermischen (bis eine cremige Konsistenz entsteht)
- Für ca. eine halbe Stunde ins Gefrierfach stellen

Buttermilch-Eis
mit Geschmack nach Belieben

Zutaten:

500ml Buttermilch
30g Proteinpulver mit Geschmack – Z.B. Kokos oder Cherry
Xucker nach Belieben
Evtl. Früchte

Zubereitung:

- Alles miteinander verrühren und ins Gefrierfach stellen (oder mit Eismaschine herstellen).

Zitronen-Eis

Zutaten:

500g „Skyr"-Joghurt (es ist auch mit einem griechischen Joghurt abwandelbar)
Saft von 2 Zitronen
Xucker nach Belieben
100 ml Sprudel (Bei Verwendung von griech. Jogurt weniger)
Evtl. noch etwas Proteinpulver

Zubereitung:

- Alle Zutaten verrühren und in den Gefrierschrank stellen (oder mit Eismaschine herstellen)

Coconut-Eis

Zutaten:

500ml Jogurt
60g Eiweißpulver Kokos-Geschmack
30g Kokosraspeln
40g Frischkäse
Xucker nach Belieben
20g Kakao
(4 Eiweiße)

Zubereitung:

- Joghurt mit Xucker, dem Proteinpulver und 15g Kokosraspeln zu einer homogenen Masse verarbeiten. Evtl. noch Eiweiße hinzufügen)
- Die Hälfte der Masse in eine Schüssel geben.

- Die restliche Hälfte mit Kakao und Frischkäse verrühren
- Diese Creme nun auf die erste Hälfte in der Schüssel geben und mit den restlichen Kokosraspeln bestreuen.

- Für 3 - 4 Stunden in das Gefrierfach stellen.

BÜCHER der Autorin

LOW CARB für UNTERWEGS

LOW CARB muss nicht kompliziert sein. Aus eigenem Interesse hat die Autorin schnelle, einfache und sinnvolle Rezepte für „UNTERWEGS" zusammengestellt. Praktisch und auch für den „Hunger zwischendurch", mit Tipps und vielen bunten Fotos zu den Rezepten.
Essen für „unterwegs" kann etwas sein, das man „aus der Hand" essen möchte, oder sich in einem Behälter plus Besteck mitnimmt. Beide Rezept-Varianten sind hier vertreten.
LOW CARB für Eilige – hier werden Sie fündig!
84 Seiten, ISBN 978-3-7386-1713-9
6,99€

LOW CARB VEGETARISCH & schnell

Low Carb (LC) ist eine äußerst gesunde und entzündungshemmende Ernährungsform – sie hält gesund und macht fit.
Sich nach LC-Richtlinien zu ernähren scheint dann schwierig, wenn man auf Fleisch verzichten möchte. Denn Fleisch hat keine Kohlenhydrate und somit könnte man meinen, ohne Fleisch nicht satt zu werden!
ABER es geht auch anders – nämlich vegetarisch! Geschmackvoll, köstlich und vor allem schnell und einfach!
Das zeigt Autorin Heike Führ mit vielen bunten Rezepten in diesem Buch – von herzhaft über süß, alle Geschmacksnerven werden angesprochen - und noch dazu enthält das Buch wertvolle Tipps und Infos rund um „Low Carb"!
Ein „Must have" zur Ergänzung Ihrer Low-Carb-Küche!
92 Seiten, ISBN 978-3-7412-7127-4
6,99€

„Die Reise zum Glück"
204 z.T. farbige Seiten
Verlag: BoD
ISBN: 9-783739-200897

Hoffnung - vom Pessimisten zum Optimisten
148 Seiten
ISBN 978-3-7431-0181-4

FREUNDSCHAFT
164 Seiten
ISBN 978-3-7412-3810-9

HALLO MS

Broschiert: 243 Seiten
Verlag: A.S. Rosengarten-Verlag (30. April 2014)
ISBN-10: 3945015073

FATIGUE und UHTHOFF-Phänomen:

MS (Multiple Sklerose) ist die Krankheit mit den 1000 Gesichtern. Autorin Heike Führ hat bereits 5 MS-Begleitbücher geschrieben und widmet sich hier jenen zwei UNSICHTBAREN Symptomen der MS, die sie aus eigener Erfahrung sehr gut kennt. Denn gerade die unsichtbaren Symptome schränken das Leben eines MS`lers ein, da sie man ihnen oft nicht glaubt. Die Fatigue und das Uhthoff-Phänomen belasten den MS- Alltag teilweise so allumgreifend und zerstörerisch, dass viele Betroffene bereits früh die Erwerbsminderungsrente erhalten und ihr Leben nach diesen beiden Symptomen ausrichten müssen. Mit wichtigen fachlichen Infos und ihren Geschichten beschreibt die Autorin diese beiden Symptome – einmal sachlich, dann wieder emotional und humorvoll. MS`ler werden sich in den Texten wiederfinden und Angehörige können endlich diese schrecklichen Symptome verstehen.
www.multiple-arts.com
ISBN-10: 3955550672, Euro: 8,90.-
30% des Kaufpreises gehen direkt an BAER / DMSG NRW
Zu Gunsten Kindern mit MS.
Zu beziehen über Esch-Verlag / www.lesend-helfen.de

GRENZENLOSE ERSCHÖPFUNG
FATIGUE

GRENZENLOSE ERSCHÖPFUNG - FATIGUE kennt die Autorin sehr gut, denn sie ist seit 1994 an Multiple Sklerose (MS) erkrankt und leidet hauptsächlich unter diesem schrecklichen Symptom. Mit klarer Benennung der Symptome und mit viel Engagement und Emotionalität widmet sie sich erneut dem Thema "Fatigue" und schafft somit einen Ratgeber für Betroffene und deren Angehörige. Mit gewohntem Esprit und Humor informiert sie sowohl sachlich und fachlich, als auch durch eigene Erfahrungen. Betroffene werden sich mit Sicherheit wiedererkennen und Angehörige werden nun dieses unkalkulierbare und so erschöpfende Symptom, das die Lebensqualität erheblich beeinträchtigen kann, verstehen lernen.
ISBN: 978-3743142459

Fachbegriffe bei MS
Taschenbuch: 88 Seiten
Verlag: A.S. Rosengarten-Verlag; Auflage: 1. (3. April 2015)
ISBN-10: 3945015162

UNSICHTBARE Symptome
Taschenbuch: 84 Seiten
Verlag: Books on Demand; Auflage: 1 (22. Januar 2015)
ISBN-10: 3734755646

SEXUALITÄT – Tipps für chronisch Kranke
Taschenbuch: 68 Seiten
ISBN-10: 3735793991

„Alltags-Tipps bei Multiple Sklerose"
Verlag: BoD
128 Seiten
ISBN: 9783739224664

JUVENILE MS / Kinder mit MS
ISBN: 9 783739 228792

Bewältigung chronischer Krankheiten und Depressionen / Für Angehörige und Betroffene
Verlag: BoD
ISBN 9783739245331
228 (23 farbige) Seiten

„Der Tanz durchs Leben"
284 zum Teil farbige Seiten
Verlag: BoD
ISBN 9783842350564

GEDÄCHTNIS-Störungen / Kognitive Leistungsstörungen bei MS
152 Seiten
ISBN 978-3-8482-2160-8

Kinderbuch:
SMILEY – der kleine Frechdachs mag nicht duschen
108 z.T. farbige Seiten
ISBN 978-3-7392-4325-2

KINDERN MS erklärt:
Smiley bellt HALLO MS

Dieses anrührende Kinderbuch beschreibt anhand von dem süßen Mischlingshund Smiley und seinen beiden Freunden Fine und Balou anschaulich und sehr kindgerecht, was Multiple Sklerose (MS) ist. Smiley erklärt äußerst behutsam auf der Ebene des Kindes, wie sich MS äußern kann und wie es einem betroffenen Elternteil oder anderen betroffenen Angehörigen und Freunden mit MS gehen kann. Mit schönen, authentischen Fotos und lustigen Geschichten aus seinem Hundeleben verknüpft er diese Botschaft so zartfühlend und hinreißend, dass Kinder bei der Begeisterung über den Hund Smiley und seine Freunde die Dramatik einer chronischen Erkrankung zwar begreifen, sie aber niemals als bedrohlich erleben. Die Autorin hat sich ihre jahrzehntelange Berufserfahrung als Erzieherin mit vielen pädagogischen und psychologischen Weiterbildungen zunutze gemacht und empathisch ein Kinderbuch, das auch gleichzeitig ein Ratgeber ist, geschrieben. Ein Buch, das man auch Erwachsenen zum besseren Verständnis der MS in die Hand drücken kann.
52 z.T. farbige Seiten
ISBN 978-3-7347-6730-2
€ 5,50
(DER ERLÖS aus diesem Kinderbuch geht direkt und vollkommen an den Tierschutz-Verein Santorini e.V.)

Und:

Wieso ist meine Mama immer so müde?
Smiley bellt HALLO MS und Fatigue
ISBN: 978-3743111608
5,99€